이기영 네번째 시집

꽃다리 건너 은하수까지

도서출판 다온애드

2 『꽃다리 건너 은하수까지』

시인의 말

십 년 전 등단 후, 꾸준히 써왔던 글을 계속 책으로 출간하였다. 세 번의 시집과 동인회 참여로 빠르며 빠르다는 시간과 더불어 한 권씩 가슴에 고인 글을 옮겼다. 그러나 드러내려는 갈증이 심해졌고 해갈에 대한 욕망이 펜을 꾸준히 들게 하지 않았나 생각이 든다. 그동안 살아가면서 접했던 것들이 순수하던 화려했던 햇살에 비치는 그림자의 색깔이 같듯 공평한 이미지로 나타내려 노력했다.

나는 첫 시집부터 표현했던 별과 꽃을 놓지 않았다. 별을 다시 찾았고 꽃을 해석하며 가슴을 채웠기 때문이다. 비록 상상 속에서 빚어낸 부분도 있었지만, 현실에 기반을 두었고, 희로애락의 감정이 필연이 되었다. 크게 보면 삶의 한과정이다.

틀에서 벗어나 사물을 빗대어 마음껏 외치고 싶은 것도 행운이다. 부족하다 생각한 글을 퇴고하여 부끄럽지만 네 번째 시집이 발간되어 또 한걸음 독자님들께 다가간다는 생각만으로도 감회가 깊다.

2023년 봄
저자 이기영

1부 달빛 작곡

10 달빛 작곡
11 담쟁이의 세상
12 나비야
13 중년, 아름다운 날
14 누구나 사랑을 했을 것이다
15 시골 여자아이의 봄
16 바닷가 순이
17 봄 농사
18 별 부딪히는 소리
19 집시여인 가슴에 민들레 씨앗이 떠돈다
20 나만의 사람
21 지는 목련꽃
22 마음먹기
23 두견새 우는 소리를 몰랐습니다
24 나만의 사람
25 푸른 날
26 쉬어가는 삶
27 꽃 피는 것을 사랑이라 합니다
28 나의 호수
29 보리 익기까지
30 비와 산길
31 십 일월
32 윤회

2부 들국화 피는 이유

- 34 들국화 피는 이유
- 35 파꽃
- 36 코스모스 향한 사랑
- 37 풀새
- 38 별똥별은
- 39 바람의 언덕
- 40 그녀와 세상
- 41 낙화 落花
- 42 쑥부쟁이 질 때
- 43 꽃 다리
- 44 꽃 진 뒤
- 45 해바라기, 끝에서
- 46 노을과 함께
- 47 회상
- 48 풀잎누이
- 49 풋사랑
- 50 들러리
- 51 미완성 수채화
- 52 두메산골 처녀
- 53 나는 너에게
- 54 너와 빈자리
- 55 풀잎이슬
- 56 생각의 한계
- 57 담쟁이가 그린 그림
- 58 접시꽃
- 59 꿈
- 60 싸리꽃도 그늘질 때 있었다
- 61 흔적
- 62 마르지 않는 물기는 없다
- 63 구름으로 그리는 그림
- 64 추억으로 보내는 편지

3부 새싹을 위해

66 새싹을 위해
67 어머니의 영토
68 바래지지 않은 그림
69 겨울 코스모스
70 구절초
71 그리움
72 너에게 가는 배
73 섬 해당화
74 희망
75 동경
76 꽃이어서 행복하다
77 그대 향한 뜻
78 퇴근
79 사소한 역행
80 자운영 피는 사월에
81 밤 기차
82 갈대, 그들의 뜻
83 보리 밟기
84 이룰 것같은 희망
85 그녀의 장미
86 불면증
87 너를 담으면
88 첫사랑에 대한 충고
89 들꽃마다 이름을 가졌다
90 겨울장미
91 진달래꽃, 꽃
92 까치밥
93 소금장이
94 봄꽃
95 낙엽을 태우다
96 꽃무덤

4부 잡초도 푸르렀다

98　잡초도 푸르렀다
99　이기적인 사랑
100　1980년 아들의 꿈
101　별똥별입니다
102　풍경소리
103　빈집
104　나비가 꽃을 피운다
105　달이 그대 동공에 머무는 밤
106　원초적 이유
107　허수아비의 만족
108　매화 순 사랑
109　시계 수리
110　강아지 풀
111　낮달
112　봉숭아 꽃
113　벼 수확하기전에
114　지워지는 사람들
115　이별
116　옛날이야기
117　처음으로 남긴 그리움
118　어떤 스님
119　암자의 텃밭
120　고추잠자리 사랑
121　비와 시골집
122　정원에 들풀이 가득합니다
123　계단
124　갈등
125　별은 아직 있습니다
126　첫 설렘
127　당신과의 시간

꽃이여도
꽃을 위해
기억조차 남기지 못하는

안개꽃

1부　달빛 작곡

달이 시냇가 잡초마다 부딪히다
높은 산 먼 동과 섞일 때
작사를 붙여 악보집에 보관한다

달빛 작곡

깊은 밤 누군가 연주하고 있는 바이올린
달빛이 현과 줄에 내려앉으며
소리를 대신 내어주었고

각각 그림자를 음표 삼아 악보에 넣고
지휘봉을 들었을 것이다

달이 시냇가 잡초마다 부딪히다
높은 산 먼 동과 섞일 때
작사를 붙여 악보집에 보관한다

담쟁이의 세상

담이 있는 곳에서
세상을 가로질렀다 알려줘도
너머를 궁금해한다
스스로 답변을 하기 위해 끝을 만들지 않는다

호기심이 뿌리내려 담을 타고 오른다
꼭대기 섰던 잎은 그전의 잎에게
보았던 모든 것을 이야기한다
아래로 내려갈수록 의문점이 첨가되고
그들의 토론으로 담이 소란스럽다.

나비야

푸르를 때 소망했었다
희끗한 머릿결 가다듬고 앞섶
풀어내다 잘라 움켜쥐고

산자락밭 거슬려 하늘 향할 듯
트는 동 가려 밟으며 가련다

꽃 모다 피어 꽃동산 중턱 집 몇 채
햇살 끌어모은 풀이슬들이 별처럼
다시 빛나고

흩어졌던 친구들도 오라고 손짓하면
엄마 손 이끌려
댕기가 목덜미보다 더 붉었던 때 향하는
나비야

중년, 아름다운 날

옛집에 켜놓았던 등불을 잊지 않아
심지에 불을 붙였던 기억이 소중하다

그동안 그을음 끼어있고 기름이 말라
후미로 지나치는 숱한 등불,
불빛이 비집고 껴안은 곳에는
색깔만 남은 바다가 넘실거린다

그물을 던진다
단풍과 윤슬을 건어내어 색깔을 뺀다
별을 지핀다.

누구나 사랑을 했을 것이다

풀잎으로 살아
응고됐던 이슬 통해
속 깊이 내 비친 것은 삶의 일부가 되었다

처음이었지만
처음 아니었다 깨달을 때
누구나 누구를 사랑했던 것이다

대지 속에 깊이 숨은 뿌리 탓에
찬바람 끌어내어 쓰러져도
풀잎으로 살았고 꽃을 피웠다
청춘은 공평했다.

시골 여자아이의 봄

읍내 장날에서 냉이를
뿌리 하얗게 다듬어 자리에 내놓고
부지런히 외치던 여자아이

학교 친구와 눈 마주치자
옷에 꼭 끼는 가슴과
치맛자락으로 감춰야 했던 고무신
사려는 손길에 괜히 눈 샘만 비쳤다

늙은 감나무 그림자가
초가집을 베개 삼아 누워있고
굴레였던 밭에서 서성이다
아버지 기침소리부터 밭길 이른 풀 밟으며 다가오자
눈물자국 비벼 지운다

바닷가 순이

해당화는 나가지 못한 곳에서
떠오르는 태양과 닮은 꽃을 피웠고
열매를 맺었다

순이가 그랬을 거다
까만 목덜미에 태양이 내려앉았고
광주리에는 호미가 누르고 있었다
꽃다울 때 지친 눈망울은
연이은 논 너머 나직한 산 지평선을 가진 뒤
이웃집 빨랫줄에 펄럭이는 흰 브래지어가 부러웠다

나이가 이끄는 길을 한 발 디딛고
풀 팔찌 떼어 파도에 떠밀려 보냈어도
제자리에 맴돌기만 한다.

봄 농사

밭고랑을 일구고 씨앗을 심고 싹 움틀 때
밭매는 손길만 분주하다

손등마다 풀빛이 가셔지지 않아도
잘렸던 풀 허리와 풀꽃이
가여웠던 그때

농부는 풀 크는 소리를 들어야 했지만
담밑 제비꽃은
아침에 내려앉는 아궁이 연기와 자란다

어린 소년은
풀빛이 비쳐야 희망을 품고 모든 걸 키웠던 때를
익숙하게 의지한 채
옅은 잠을 붙잡고 있었다.

별 부딪히는 소리

그녀를 포옹하자 부딪히는 소리가 난다
처음이듯 꺾인 것은 꽃이 아니라 가슴이었고
흘러내리는 투명한 피와
아물 즈음 돋아나는 새 살 같아 익숙하였다

그녀의 눈빛이 빛난다
흉터를 감춰도 동공에 배여 난다
다시 포옹하자 별끼리 부딪히는 소리가
확실하게 들렸다

별과 별을 이었던 실핏줄은
쉽게 건널 수 있이도 끊어내지 못하였고
웅크렸던 사연들이 서로의 시간과 부딪혀
빛을 잃어가는 부스러기가 되었지만

간혹 별똥별로 뭉쳐
서로 과거를 향한 안부편지가 되었다.

집시여인 가슴에 민들레 씨앗이 떠돈다

머언 달빛 속에 남겨놓은 그림자가
매달았던 끈에 묶여 춤추련다

눈망울 노을 담고 바람이 닦아놓은 길에서
세상을 손바닥에 두고 현을 튕기며
인연과 안녕을 이야기하는 여인

꽃을 먹고 별을 베고
밤하늘 덮고 눈 밑 이슬 삼켜 목 축이고
하얗게 날려가던 홀씨들

발길이 멈춰선 자리에서 피워야 했던 꽃은
끌어안은 웃음이 가시가 되어 찔러도
동전이 비가 되어 고여 흐르면
그것에 떠밀려 다시 떠난다.

나만의 사람

곁에 머물라고 손잡아 끄는 사람 있었던가
잠깐 촛불이 되어 일렁거렸을 뿐
불빛으로 앞을 밝혔던 사람 있었던가

새벽하늘은
아침햇살과 바닷새에게 자리를 내어주고
등대지기는
수평선 흘러드는 뭉게구름을 헤아린다

귀 익은 뱃고동 소리와 뱃길을 따르면
암초에서 다가오지 말라
막아섰던 사람

꽃 지면 잡초가 되어도
다시 피울 날을 기다려주는 사람,
결국 떠남을 잊게 하는 사람이 있었던가?

지는 목련꽃

꽃 한닢씩
자신과의 이별까지 아름다웠을 목련은

외로운 순결을 위해
날개를 갖고 피었고

꽃잎을 어루만지는 바람과
등을 지고 푸득였다

 거의 날지 못한 채 땅에 쌓인다

마음먹기

누군가 사랑한다는 건 스스로 창살에 갇힌다 했다
아무리 좁은 공간도 전부가 되고
머무는 동안 행복이라 믿었다

사랑은 누구를 위한 것이 아니라
빈 곳을 채우려 한다는 걸 깨닫기까지
한 페이지 넘기는 것이 얼마나 힘들었던가

가슴에서 가슴으로 옮겨가는 건
노 한 번 더 젓는 것
물여울은 곧 강이 된다

강한 창살과
좁은 공간은
시간이 깔아놓은 종이에 그려진 그림이었다.

두견새 우는 소리를 몰랐습니다

 들판이 누울 자리 내어주어도
구름은 바람의 성화 탓에 걸음부터 옮깁니다

하늘 먼 곳부터 모든 것과 쌓여 비가 되면
산새 날개와 부딪히고
진달래꽃 맺히다 아이를 비춥니다

입술에 꽃잎을 더했어도
삼키지 못해 각혈을 더하자
끌어안아 울어주는 새가 있다 했습니다

잎 내미는 나무들은
서로의 색깔 더하려 분주한 탓에
빈 논에서 바라보던 자신의 그림자
노을 향한 날갯짓
기어코 물빛으로 가렸던 너머까지
귀 기울였지만 어떤 소리였는지 구별하지 못했습니다

낯선 울음에 동그라미를 고여냈던 밤
무르팍 베고 잠들었고 이야기가 멈추었습니다

나만의 사람

커튼을 젖히면 강물 질러 나룻배 떠간다
강변에 있는 들꽃들은
삼베치마 구겨지는 소리와 피었을 것이다

흙의 부름에 따라 몸을 움직였고
흙이 내어놓은 만큼 가져가면서
헛간에 한 광주리 더 채우려
김맸던 밭을 돌아보면서 내일을 기대하였던가

논물대기 끝난 뒤 야윈 얼굴마다 노을 비친다
불끈으로 살면서 하루하루 아지랑이와 태워
재와 연기를 푸르게 남겼을 사람들

강물이 흘러가며
노 젓는 소리 내놓았고
귀 기울이다 그때 하늘 거슬러 떠간다.

푸른 날

별빛보다 더 별빛같이
공평한 것을 쫓다
줄기에서 떨어지지 못하던 풀잎이었을 때

우주를 가깝게 초점 맞추던
천체망원경을 접은 뒤에야
네온사인 간판이 더 환하다는 걸 알았다

풀잎보다 더 젖었고
발목보다 낮게 더 누웠어도
바람 그치고 해가 이슬을 마르게 하자
허리를 세워 바라보았던 시기가
나의 삶을 푸르게 비친 적 있던가

쉬어가는 삶

빈 화분에 피어난 민들레
혼자여서 혼자를 모르고
머리 희게이고 기다려야 하는 것은
바람이란 걸

마지막에 삶을 돌아봐도 회한이 없었다면
먼 공간이 처음이어도
옮겨가는 영혼은 더 가벼워지겠다.

꽃 피는 것을 사랑이라 합니다

그대가 내 안에 꽃으로 피어나듯
내가 피워지기 기다리는 건
얼마나 벅찬 일입니까

이른 봄
대지에 머무는 찬바람 맞서
오직 햇살만 끌어안고
누구보다 이르게 피워내는 건
눈물겨운 첫 떨림입니다

흑백의 세상에서
몇 날이라도 유일한 색깔,

나의 존재가 그리되면 좋겠습니다
그것이 사랑이었으면 좋겠습니다.

나의 호수

호수와
유리창과 찻잔에 별빛이 부딪힌다
출렁거릴만 한데 의외로 잔잔하다

찻잔에 담길 정도로 작아지는 것도 아닌데
호수를 띄웠을 때
호수와 보낸 시간과 맺혀있던
차 맛이 입가에 맴돈다

열매도 아니면서
풀잎도 아니면서
누군가 얼굴도 더더욱 아니면서
부르면 호수라는 이름을 가진다

호수를 사이에 두면
고요를 먼저 깔아놓고 눕는다

숱한 소리가 카페 불빛에 깨어지자
호수는 급하게 어둠 속으로 숨는다.

보리 익기까지

산 밑 논두렁길
몇 알의 뱀딸기
누가 따먹을까

맛없어 내뱉고는
으깨진 채 봄의 끝부분을
헤집고 배어났던 선혈을 뒤로하고

어른들 걱정에 덩달아
크레파스 들고
보리밭 누렇게 칠하려는 꼬마 아이

비와 산길

비 내리는 산길에서
가랑잎을 마저 떨궜던 나무가
안녕이란 속삭임을 빗소리로 들려줘도
빈 가지에 매달지 않는다

산 중턱 구름과 하나인 듯
산사의 타종 소리가 울리며
지나쳤는데 되돌아오지 않는다.
하늘까지 거침없어
고요를 찾는 시간이 짧아진다

빗물이 한기를 더 끌어온다
늦가을이 자연스러워진다.

십 일월

찬란한 태양이 마지막 징검다리 건넌다.
강은 내어놓은 물안개에 잠시 숨었고
지난밤의 세상을 별빛으로 세웠던 별이
마른 풀숲 적시며 아침 내내 반짝인다

아직도 가로수 가지에 떨어지지 않은 잎은
말라붙은 흉터를 연신 바람에 비친다

화단에서 의도하지 않은 들국화도
보라색 꽃잎을 창살로 엮어 갇혀있었다
느릿한 풍경에 권태를 느끼는지 이파리를
가시같이 내뱉고 있었다

나뭇짐 진 할아버지 지게에
끈을 매고 따라가다
이른 진눈깨비에 탄성을 질렀던 나의 십일월만은
꽃이 빛나는 억새풀 군락과
밥 짓는 연기가 어울려질 수밖에 없었고
빨간 불씨는 꼭 남겼다.

윤회

코스모스가
나비인지 꽃잎인지 파르르 떨고
은행잎 비어내는 역에서
기차는 여전히 그리움으로 떠났다
익숙한 희망으로 도착한다

기억은
또렷한 모습과 겹쳐 플랫폼 넘어온다
꽃무리를 거쳐 차창에 비치는 얼굴을
멀고 먼 날까지 잊히지 않은 채
꽃그늘 감도는 눈빛을 남겼다

먼발치에서 익숙한 동경을 한다
줄기는 뿌리의 허락없어 꽃채로 흔들린다
꽃 앓이를 시작한다.

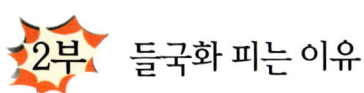 들국화 피는 이유

볕 뜨거워 움츠렸던 꽃은
이쁜 마음 위해 한송이 더 끼어주려
구겨 넣었을 꽃봉오리 반듯하게 밀어낸다.

들국화 피는 이유

여자아이가 들판에서 꽃 꺾는다
왜 꺾니? 묻자
들국 오색꽃 범벅
자신보다 더 크게 안은 채
'엄마 생일이에요'
연 붉게 들뜬 대답

누렇게 익어가는 벼
손 스치며 꽃송이처럼 걸어가면
볕 뜨거워 움츠렸던 꽃은
이쁜 마음 위해 한송이 더 끼어주려
구겨 넣었을 꽃봉오리 반듯하게 밀어낸다.

파꽃

누구의 눈길마저 그리워
속을 끌어모아 비워야했을까

김 매는 손 투박하여 감추다
돌아서서
단발머리 억지로 묶었던 한 줌 머릿결,
꽃이라고 피워냈다

코스모스 향한 사랑

기찻길 기적소리가 익숙한 코스모스는
이동을 받아들이지 못하면서
차창 안에 사람들은 다른 꽃으로 떠난다는 걸 안다

익숙한 풍경과 이별을 이해하였을 때
바람을 끌어안은 채 심연으로 빠져들었고
어디서 튕겨져 뿌리내렸던
한 발자국 떠남을 선택한 꽃에서
낯선 향기가 두근거렸다

립스틱 바른 입술에서
뚝뚝 떨어지는 검붉은 핏물 지혈을 못한
코스모스

기쁨은 날 사랑했을 때였고
슬픔은 타인을 사랑했을 열일곱 가슴은
하늘 향하려 가늘어진 줄기에도 안아주지 못해
기차가 지날 때마다 몹시 휘어졌다 되돌아온다

풀새

풀 꺾으면 풀내가 난다
누런 셔츠에 풀 자국
이름몰라 풀잎으로 남은 네가

놀리는 아이들 향해
더 웃어주는 얼굴에는 푸르팅한
풀빛이 가시지 않았고

밀짚모자 눌러쓰고
키보다 큰 지게 눌러진 채
휘적휘적 팔 젖으며 노을 볕 헤쳐갈 듯 뛰어갔다

풀잎으로 부르면
입안에 맴도는 소리로 대답할 너는

김 매다 겨드랑이에 날개 돋았어도
풀끈을 끊지못해 그 곳 하늘을 맴도는
풀, 새가 되었다.

별똥별은

누이는 일찍 잠드는 아이들 위한
별의 선물이라 했다
새들이 밤새 날아 다시 박아놓는다 하고
선생님은 별의 다비라 한다

별이 된 사람들이
남겨둔 사람에게
잊지 말라고 떨구었던 눈물이라고
시인은 주장한다

나이 들어서는
밤하늘에 그리움이라는 배를 띄워
삶이 쉴 수 있는 항구를 향하는
우리라는 뱃사람
별똥별은 고향의 손짓이었다.

바람의 언덕

바다부터 부는 바람이 처음 지나칠 언덕에서
바다에서 오는 모든 것이 끝이길 바랐던 사람들

뱃사람은 바다를 끌어안은 채 떠났고
가슴에 수평선을 그었던 여인은
촛불이 되어 흔들려도 꺼뜨리지 않으려
바람을 붙잡았을 것이다

삶이 할퀴어 핏물 흘려도 바다는 그대로다
나는 언덕의 이름을 다시 품는다.

그녀와 세상

그녀의 눈빛은 젖어있다
바닷고기가 헤엄치다 어디론가 갔을 것이다
아마 오래전일 것이다
거울에 비쳤던 얼굴이 낯설었고
인어가 전생이라 믿었다
사랑이 거품으로 흩어져 파도가 되었고
끊임없이 가슴을 쳤다

그녀의 바다는 등대만 존재한다
암초가 없고 부두도 없는데도
폭의 끝과 끝을 향해
서치라이트를 움직일 뿐이다

다가오는 것을 불빛으로 밀어냈고
눈을 감지 않아도 세상을 담지 않는다
스쳐간 것은
날리는 꽃이파리였을 뿐이었다

낙화 落花

날 기억하지 말아라
봄날, 무너지는 꽃 풍경 속에
삶은 한 닢 꽃으로도 충분하다

고뇌까지 감당할 수 있어
나비의 날갯짓 정도로 봐다오

쑥부쟁이 질 때

가을은 입 앙다문 모습에도
거쳐왔던 인연들을 온기로 지녔다가
속 어딘가에
한 닢씩 떨구는 여인이다

찬바람 꽃잎 흩트려지는 날
산밑 찻집에서 태동을 기억으로 삼고
창을 거친 풍경을
메모지에 한 줄 글로 남기고
낙엽을 발자국 삼아 떠나는 여인이다

긴 머리 산발한 채
연보라색 치맛자락에 언뜻 드러난 발목
어깨가 슬픈 여인,
뒷모습을 꽃으로 배웅하던 쑥부쟁이가 지고 있었다.

꽃 다리

꽃나들이하다 꽃그늘에서 쉬는 너에게
꽃무늬 수놓은 손수건 깔아 놓을 게
까만 무명치마 꽃 배여 꽃향 그윽하잖아

꽃 이파리 산들바람 흩날려
옷깃을 스치면 거슬려 꼭 따라오렴

우리 사이에 흐르는 시냇물
징검다리 건너기 어려울까
사철 꽃 꽂아 나무다리 놓았으니

들꽃 한 아름 꺾어
빨래하는 너에게 한 닢씩 떠내리다
눈 마주치자 풀숲에 얼른 숨은 날 찾아주렴

꽃 진 뒤

바람은 꽃 질 때
꽃이파리를 이용하여 자신이
지나갔던 길을 알려준다

그때 걸어보자
아름답기만 한지

인연도 바람 같은 것
지난 자취였을 사람들과 이별은
늘 곁에 있다.

해바라기, 끝에서

해를 바라보며
그 무게로 고개 숙여야 했다

사랑이라 믿어도
햇살이 차가울 때를 받아들이고
스스로 작별 인사하며 까맣게 태운 심장들

참새가 쪼아 먹자
상처를 감싸 안은 대지의 배웅을 받으며
더 가까운 곳으로
싹을 틔우고 해를 향하는 해바라기

노을과 함께

하루 낮이 끝날 때는 노을이다
어둠이 내려앉기 전에
중화시키려는 시간이어서 감사하였다

삶이 주름살을 더 파이게 하였지만
뛰는 가슴을 전해주려 띄우고 싶은 엽서는
여전히 사람을 채우고 싶다는 걸

고독을 잃지 않고 고정된 몸짓이
존재한다는 건
가장 아름다울 때다

서리 내려앉기 전에 단풍을 가지는 것이었다.

회상

호숫가 맞은편 가로등 불빛이 호숫물에 비친다
서로를 바라본다는 건
멀리 서는 아름다운 한 쌍

아름다움으로 기억하던 사람을
호수를 가졌던 나의 삶 어떤 시기에
비쳐보려 하자
눈빛이 물 표면에 더해진다.

풀잎누이

밭에서 김매던 누이옆에 가면
풀 냄새가 났다

시냇물에서 호미자루 씻을 때
손톱 낀 풀 때까지 씻길 바랐지만
한 닢 한 닢 연두색 진 그늘을 하루 끝에 담고

집으로 들어가 망태에서 한 움큼 풀
구유에 붓고 풀잎으로 잠들었거든
옆에 누우면 지우지 못했던 풀냄새

꽃을 피웠다 금방 시들었던 누이는
새벽이면 이슬 떨궈 얼굴 씻고 햇살 속으로 돌아가
또 풀잎이 되었다.

풋사랑

탱자나무 가시에 긁히자
침 발라주고
창 넓은 모자 얼굴 가려
이마에 살짝 입맞춤

꽃 향 대신
풀잎 네가 더 닿았던
사과꽃 질적에

들러리

꽃이어도
꽃을 위해
기억조차 남기지 못하는

안개꽃

미완성 수채화

시냇물 징검다리 이끼 낀 채 남아있어도
너에게 건너가도 되겠니

나도 어두울 때
반딧불이 앞서 길 밝히고
풀밭에서 풀 내음 더해
해맑은 웃음으로 맞이할 수 있니

풀꽃의 시간을 뚝 떼어
간직할 때부터
계절은 우리 것이었다

먼 날을 풀잎이 비집고 피어있고
아직 풀빛 깔린 시냇물 건너면
잔 꽃송이 귓가에 꼽은 채 기다렸다
귓속말해줄 수 있겠니

두메산골 처녀

싸리나무 지게 반 짐 지고
산길 내려오다
부풀어진 머릿결 손으로 맵시 살리자
댕기머리 따르는 나비 한 마리

햇볕 밟다
아지랑이에 발 걸려 넘어졌고
실금 몇 가닥 그어진 눈매에
웃음이 쑥스럽게 메워질 때

알려주지 않아도
꽃송이 피어내듯
먼 곳의 나까지 두근두근 어여쁘다.

나는 너에게

해도에 표기되지 않은 섬에
바닷새도 찾으려 갔다 되돌아올 그곳에
네가 있을 것이다

빈병에 편지를 넣어 바다에 띄웠고
파도가 먼바다 물결에 건네주면
답장을 위한 희망이
수평선 안쪽과 바깥으로
귓속말 되어 이어진다 믿었다

섬은 간절한 이야기를 듣기 위해
바다 깊이 뿌리박고 떠밀리지 않을 것이다

네가 병을 주었을 때
야자수 밑동에 기대
별을 사랑하는 소년을 기억하면

가장 높은 곳의 별들도 해변으로 내려와
눈 밑에서 반짝였고
별빛 엮은 끈으로 이어진다 믿었다.

너와 빈자리

바닷가 카페에서
맞은편 자리에 수평선이 앉고
파도가 앉고 백사장이 앉는다

환한 웃음 띄우며 들어올 것 같은 너는
추억으로 앉는다.

풀잎이슬

어둡다 바래지는 새벽
부서질 이름 향해 날렸던 파랑새가
희미해진 주소에서 되돌아오지 못해

먼 동 드러내는 들판 어디에선가
떨구었던 눈물이
풀잎마다 스며들지 못해 맺혔겠지

생각의 한계

꽃보다 네가 더 예뻐
꽃이상 표현하려 해도
한정된 언어에서 나타내기 어려워

예쁘다
예쁘다 반복할 수밖에

담쟁이가 그린 그림

담쟁이는 꿈을 꾼다
벽화를 그리기 위해 겨우내 고민한다
마주한 담에서 새 잎은
스스로 연필이 되고 물감이 된다

벽에 생기를 넣기 위해 붓을 든다
허수아비가 세워지고
얼굴과
귀가 그려지자
참새가 지저귄다

웃음까지 깔리게 하는 담쟁이 사람들
낡은 집에 꿈을 다시 깃들게 한다.

접시꽃

높은 하늘도
접시꽃에 기대 바라보면 가깝다
필연적인 슬픔은
기다림 속에서 포근하였다

개울 건너 둑 오르면
흰머리라도 동백기름 만져
비녀 곱게 꼽은 할머니가 지팡이 짚고 계신다

아직 아이였을 큰 손으로 잡으면
더 주름진 손등에 주름진 손

어리광 부리자
흐뭇한 미소가 꽃잎에 맺혀 있었다
들려다 보다 눈매 젖었고
하늘도 가깝게 비친다

꿈

아지랑이에 기대
잠을 청한 채송화는
어느덧 씨앗을 품었고 튕겨 내고 깼다

낮은 곳에서 꽃으로 향하였어도
마주치는 눈으로 충분한 세상이었다

아쉽지만
잘 잤다

싸리꽃도 그늘질 때 있었다

울타리 엮자
텃밭의 고추는 붉었던 영역을 찾았고
나팔꽃은 긴 줄기 빼어 기대
국화는 자기 땅을 어림짐작 찾아 몸집부터 키운다

싸리꽃 맥없이 떨어지도록 마당 쓸 때도
돼 주를 긁어대던 바가지에
남아있던 긴 그림자

굴뚝 연기가 산으로 긴 띠 되어 흐르자
참새무리가
밥 내를 물어다 싸리꽃마다 떨구었고
산허리부터 보랏빛 그늘이 뚝뚝 진다

흔적

나의 삶 중에서
젖었던 가슴을 가졌던 때
말리려 빨랫줄을 묶었고
널어놓았던 기간이 물기를 다 떨궈내자
땅바닥에 패어있는 원

땅에서도 밀려가려 남기는데
누군가 고이게 하였던
물웅덩이에서야

빨랫줄은 점점 평평해져도
바지랑대가 그곳을
버릇처럼 받쳐주며 의지하고 있었다.

마르지 않는 물기는 없다

누군가와 찍었던 사진을 슬픔으로 간직하면
어떤 눈매인들 젖지 않았을까

밤하늘 선을 긋는 별똥별이
망막에서 멈췄을 때
오직 그것을 위해 어둠을 받아들려도
틈새를 비집고 산란되는 빛

꽃 한송이는 외로운대로 질 준비한다.

구름으로 그리는 그림

밭이 황소의 고삐를 붙잡자
긴 울음소리 내고
소똥구리는 소똥을 굴리며
훌쩍 하늘을 가로지른다

노을빛 떠밀려 집으로 향하는 아이 위해
지팡이 짚은 늙은이가 마중 나왔고
좁은 밭두렁 앞서거니 뒤서거니
감나무 잎에 깜박 숨는다

양철지붕은 여전히 해를 받쳐있었다.
반세기는 눈 밑에 붙잡혀
마을을 이루다
밤 기차 타는 이웃집 형 따라 조각조각 흩어진다.

추억으로 보내는 편지

밤하늘은 과거의 사람에게 보내는 편지가
모이는 우체통

별들은
각각 답장을 기다리는 사람 위해
주소를 찾아 사연을
별빛으로 배달하려 밤새 반짝인다.

3부 새싹을 위해

초봄이 빗방울을 계단삼아 내려온다

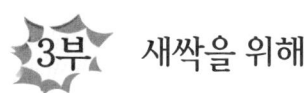

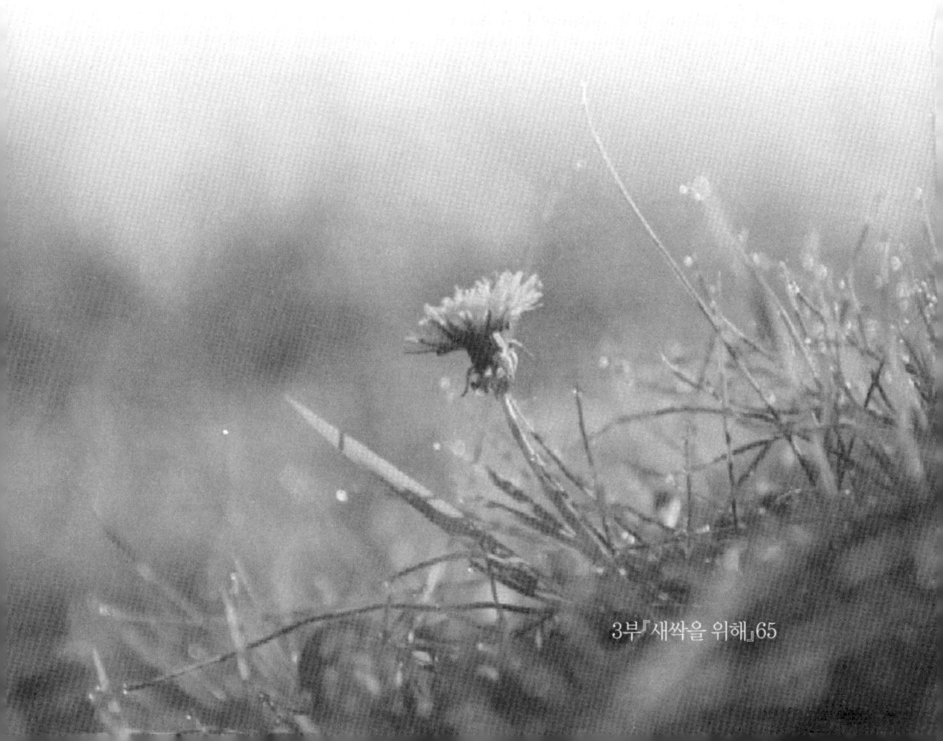

새싹을 위해

초봄이 빗방울을 계단삼아 내려온다

찬바람 아랑곳 않고
어깨 살짝 드러난 옷을 입은 여인의
발걸음 소리되어
말랐던 들판부터 톡톡 적신다

배란이 시작한다
물소리 유난히 큰 시냇가부터
숨었던 씨앗은
각각 길을 따라 맹렬하게 돌진한다.

어머니의 영토

물새는 이름을 얻을 때 물가를
벗어나지 못했다. '어머니가 그랬다'

홀로 머리 풀어헤치고
아슴아슴 무너지는 민들레가
어두워야 되고 닫아야 되고, 온전히 버렸기에
지평선까지 별을 내보냈다

호미 끝이 반들거린다
뿌리째 뽑은 파가 유난히 희다
땅을 짚어지고 씨를 거둬 다시 뿌린다

손등 상처를 덮는 새살,
아픔까지 순수하여 둥지는 깃털만으로 따스했다
별빛을 받아들였던 곳은 평생 지켰던 영토였다.

바래지지 않은 그림

풍경화의 첫 붓칠은
갈대밭에 깃든 새의 소리일 것이다

바람까지
둥지에 잡아두었고 쉽게 지워지지 않으려
물을 첨벙이지 않았고
센 바람 불면
초가풀 허술하게 엮인 곳 들썩일까
조바심부터 난다

해 낮아 감나무 빈 가지의 그늘이
가족의 눈매 머물 때
소의 긴 울음소리 들리고
데운 여물을 구유에 붓는다

마지막 덧칠은
덜커덩 거리는 부엌문과
물 항아리 뚜껑 닫는 소리였다

겨울 코스모스

들국화 지는 계절에도
씨앗을 고집스럽게 이고 있던 코스모스

야위어가는 줄기에
찬 이슬 흘러내리자 까맣게 무너지면서
바라보고 싶었던 건 서리깔린 땅,
아침햇살과 반짝이는 땅에서
화려하게 피워 올렸을 자신을 떠올렸으리라

얼어붙는 고통에도
꽃은 윤회하면서
전생을 잊지 않는 것 같다

또 다른 코스모스가
노을 볕 품고 꽃잎 조그만하게 펼치고 있었다

구절초

가을을 데리려
매듭마다 하늘 향해 구만리 걸어야 닿는 별
그 정도 줄기를 밀어내다 힘 다해
쉼 없이 흔들리던 꽃

동행하는 가을이 그림자를 가진다면
강기슭 어딘가에서 닮을 수 밖에 없는
흰 무리꽃

저녁달 따라가려
자신이 길목이 되어 자신도 함께 보낸다.

그리움

눈빛 속에 누군가를 가둔다는 건
가득 채워 바라본다는 것
얼마나 긴 무게라는 고통인가

덜어내려 눈물 떨궈도
다시 채워지는 너와의 공간

너에게 가는 배

대양을 떠가는 배는
항로를 이탈하지 않으려 별을 관측했다 한다

나의 바다에 배를 띄우고
밤하늘에 너라는 별을 박아놓으면
외로이 지는 별 그림자

다가가도 제자리인
추억에다 이야기 걸면
대답은 메아리

항로는 너의 옛 눈빛으로 이어지고
의지한 채 떠가는 나의 배

섬 해당화

가려해도 못 가서
수평선 맺힌 해를 닮아 피어야 했던가

육지에서 긴 뱃고동 울리며
낙조를 밀고 들어오는 통통배를
바라 안을 듯

섬 아이가
 파도에 맺혀 상처가 난 섬 기슭을
어루만지며 피워내는 해당화와
상처가 같았을 때

꽃으로 담아냈던
꽃지(池)는 원을 가득 채웠다.

희망

가장 큰 별 향해 밤하늘 날다
힘 다해 날개를 거두고
떨어지는 불나비 되어도

처음 밝혔던 불빛을 속 깊이 담아
행복했었다.

동경

산 둥글게 감싼 마을
동생 업은 누이는 광주리에 새참 담아
집을 나선다

감자밭 푸릇푸릇 밭두렁 따라 걸어도
신작로를 숨겼던 산허리는 언제나 제자리였다

개복숭아 꽃 흩날려 발치에 떨어졌고
이쁜데도 가려는 곳, 못 갔니 푸념하다
흙내를 떨쳐내지 못할 것을 어렴풋이 아는 듯
술래가 되어 세상 향해 못 찾겠다 외쳐도
깨금발 뛰며 나오지 않는다

밭이 소의 고삐를 여전히 잡고 있었고
긴 울음소리 내자 송아지도 따라 운다.

꽃이어서 행복하다

먼 곳에서 너의 발자국 소리가 난다
내가 풀숲에서 한 송이 꽃이어서
머물던 너의 눈길을 기억한다
달빛을 밤새 품어
이른 아침 너의 눈동자를 투과하면
함께 갈 듯 흔들린 것으로 행복하다

뒤돌아 보아도
꽃 한 송이만 받아들이는 너여서
더 행복하다.

그대 향한 뜻

꽃씨를 동봉한 편지를 보낼게요
무슨 꽃인지 궁금하겠지요
빈 편지지까지 의아해하겠지요

꽃 피고 꽃말과 들여다보면
제 뜻을 느낄 거예요

햇살 가득할 때
뜨락에 심고
토닥토닥 덮여주세요

피고 지고
곁을 떠나지 않겠다는 약속을
더 담았으니까요

퇴근

여인이 풀잎 같았던 건
비 그친 거리를 여전히 비가 지배할 때였다

별이 급하게 밀어 부친 별빛이
여인의 입술을 찌르자
침묵을 지켰던 언어는
선혈을 뒤집어쓰고 따라간다

좁은 어깨에 바다가 위태롭게 앉는다
파도가 뒤에서 밀어 해변으로 보내면서
한 번의 긴 울음소리 남기지만
어둠은 커튼으로 비를 숨기고 있었다

버스에 오르자
풀잎의 빗금 따라 빗물이 굴러간다
가로등 불빛도 휘청이다 달아난다.

사소한 역행

낙엽은
본능대로 받아들이는 것
늦가을에 잘 어울리는 복종이었다

갈색 풍경에도 며칠의 반항,
개나리꽃만은
찬바람 맞서 이파리 나부껴도
꿋꿋하게 자신의 계절을 돌려달라한다

자운영 피는 사월에

논두렁에서 잡풀 같아 지나치다
꽃이 필 때 브로치 같았습니다

무명천에 싸서 장롱 깊이 간직하여도
틈을 헤집는 불빛이었습니다

나들이 가려 애지중지하셨던 당신은
여전히 논에 있습니다
쟁기질하며 볕 속에 갈아엎습니다

아무리 짧아도 꽃 피는 시기가
삶의 중심이었을 여인이어서
잊히지 않은 사람에게
꽃이고 싶어 몇 송이 꺾었을 자운영입니다

달구지는 꽃마차 되어
뉘역뉘역 긴 바큇자국을 남깁니다

밤 기차

개찰구를 벗어나 기차를 기다리는 시간만큼
그리움이 앞선 적 없다
자리에 앉으면 차창밖 세상과 담부터 쌓는다

긴 기적소리 울린다
도착지를 받아들이지 않았던 건
밤을 끝까지 붙잡고 회상을 띄워
기대려 했을 것이다

기차에 몸을 맡기는 동안 혼자를 버린다
영원으로 향하는 듯 고독은
가엾거나 슬프거나,
차창에 비치는 나와 밤새 여행한다.

갈대, 그들의 뜻

강변 갈대가
비치는 물 그림자와
줄다리기하는 건 깃든 새들이다

둥지를 품은 이상 지저귀는 소리를
감싸고 싶었고
강물을 박차고 날아갈 때
높은 곳을 향하지 못해
한계 이상을 엿듣는 건 가슴 뛰는 일이었다

보고픈 세상은 한길 키 위에 있었고
날개가 일으키는 바람에 있다 믿었다

갈대는 바람의 방향을 받아들여
휘어졌다 제자리 돌아온다.

보리 밟기

보리 움튼 밭에서
봄을 일으켜 세워 올 것 같다
밟는 발걸음마다 서리 녹은 흙은
가냘픈 저항을 남기고 보리순을 끌어당긴다.

들뜨면 안 된다 잔소리 들어도
두엄 냄새 떨치고 산자락 잔설 가로지른
까만 기찻길 바라보다
찬바람 파고드는 옷소매로 빨개지는 볼 감싼다

한줄기 햇살이 끌어내는
보리 풋내가 코끝 스쳤고
푸르게 돌고 있는 핏줄기가 막히지 않도록
보리 밟는 걸음걸음 힘차다.

이룰 것 같은 희망

방안에 구름 깔아달라는 부탁을
들어주려
연못 비치는 하늘향해 던진 그물

걷어올릴 때
얼마나 걸려있을까
기대하는 눈길

그녀의 장미

그 여자의 입술에는 장미가 걸려있다
아직 과거를 맴돌고 있을 바람
스카프를 헤집고
숱한 손길이 넘나들었을 것이다

피워야 할 때 피운 것으로
꽃으로 내려앉은 세상이 아름다웠고
꿈은 언제나 향으로 흩날렸지만
아양은 주름살에 묻혀 독백이 되었다

비켜앉아야 할 때를 거부한다
붉다 검붉어도 꽃으로 끝까지 보여주길 바랐다
향은 서리에 얼고 미소마저 굳었다
그 여자는 아직도 장미 숲에서 태어났다 했다

가시가 떼어진 채 바구니에서 시든다
버리지 못했던 시절을 담배연기로 가리고 있었다.

불면증

옹달샘에 달 떠있어
바가지로 떠 머리맡에 두었더니

달 잃은 달빛이
밤새 문 두드리고 있었다

너를 담으면

너를 가슴에 담으면 파도 소리가 난다
너에 대한 시를 받아들였고
시집에서 바닷새의 날개가 돋자
바다를 건너려 힘닿는 대로 날아간다
수평선은 벽이 아니었다

바다 빛이 스펙트럼 거쳐도 푸를 때
너와 바다를 가지는 건 슬플 수 있다
사랑은 여전히 청춘에서 나아가지 못했지만
바다를 접어 편지와 보낼 수 있어
긴 한숨 뒤에도 반짝이는 눈빛을 느낄 수 있었다

살아있을 때까지 너를 담는다면
뱃고동 소리 울리는 배를
여전히 따르고 있겠다.

첫사랑에 대한 충고

비 그치고 처마 끝 물 떨어지는 소리가 들립니다
물방울이 부딪히는 것입니다

아픈 것을
아픈 것으로 먼저 알려하지 않습니다
마음은 아래로 향하기에
속 깊이 작은 소리라도 귀 기울이고
죽도록 내어놓은 자신을 발견하는 것입니다

처음 겪는 행복과
처음 겪는 방황,
세상에 존재한나면 무조건 감당해야 합니다

영원히 놓아주지 않으려 해도
작게 더 작게 부서져
결국 같은 방향으로 흘러갑니다.

들꽃마다 이름을 가졌다

서로 비비며 체온을 높여
싹을 틔워낸 들판에서 모두 들풀이다
이름 대신 들풀로 불려도 충분할 때

끝이거나
처음이거나
티끌 같은 꽃이라도
단조로운 꽃이라도 피워내어 당당하다

오색을 끌어내 자신의 색깔을 이뤄
붓으로 한 점씩 칠해지다 서로 모여
세상을 만들었지만

각각의 모습으로 내미는 것이고
나라고 소리 지를 수 있는 것이다
들풀은 꽃을 피워야 이름으로 불린다.

겨울장미

서리 뒤집어쓴 장미는
분명 영화를 잊지 않으려는 고집이겠다

내려앉지 않으려 내미는 가시에
계절은 엉겁결에 찔렸고
붉디붉은 선혈을 뒤집어쓴 꽃송이,

순리는 피비린내 풍기자 멀찍이 떨어져
흑백 세상을 배경으로 남겨두었다.

진달래꽃, 꽃

진달래 꽃무리 필 때 발길을 멈춥니다
새로 생긴 술집에서
아줌마는 아저씨 끌어안고 춤추고 있습니다
호기심 어린 눈마다
처음 듣는 음악과 유리창 넘치는 불빛까지
아찔했습니다.

동네어른 만류에도
아이들과 아줌마에게 세배드리자
세뱃돈 쥐어주며 눈시울 붉힌 이유를 몰랐지만
주었던 사탕은 달콤하였습니다

진달래꽃 피었을 때
즐겨 입으셨던
연분홍 치마가 널브러져 있는 듯합니다
꽃 꺾어 입가에 대자 아줌마 냄새가 풍깁니다

산자락에서 타오르던 진달래 지고
아줌마가 보이지 않았습니다
다른 꽃들이 소란스럽게 피어납니다
아이들 눈빛이 더 반짝입니다.

까치밥

시리도록 파란 하늘 선분홍 점점
노인네는 장대가 쉽게 닿지 않은 감나무
감을 구태어 따지 않았다

새를 위한 한 끼의 만찬
늘그막 삶에 대한 감사,
그것을 넘어 날아가려는 영혼을 위한 예습,
보시 (布施)

소금장이

 소금장수가
처음 김장 담그는 새댁에게
소금 떨이하면서
계란 띄울 정도의 염도를
맞춰야 한다했어

소금쟁이도 엿듣고
떠 받힐 만큼 소금을 녹였을까
수면을 밟듯 떠 간다

봄꽃

땅에서는 어김없이 피가 돌기 시작한다
나뭇가지, 처마 끝의 고드름이
창이 되어 대지를 찌르면 솟는 피,
피를 마셔야 흙을 가르고 움트는 싹들,

땅의 길을 따라
어머니의 뜻이 된다
그때만은 젖을 더 먹겠다는 자리싸움이 없다

주어진 대로
성장해야 할 그들은
유전자의 지시대로 여인이 된다
성숙은 다음을 위한 선물이다.

낙엽을 태우다

마당 한쪽 낙엽이 쌓여있다
밤새 바람이 끌어모았으리라
떠난 것은 떠난 것에 후회하지 않는다

세상에 모양을 갖고 기억하고 있어도
갈고리 끄는대로 저항을 잃었다

시간이 무겁게 쌓여 탈색이 될 때
남겼을 유서는
마음을 담긴 자에 대한 위로,
성냥을 그어대자
불꽃과 연기가 긴 띠를 이룬다

나를 거쳐 산그늘에 들어갔다 산이 되었고
하늘을 향한다.

꽃무덤

낙화,
밤새 거센 바람 불자
흐드러진 꽃나무에서 날려갔을 꽃잎

이른 아침 꽃띠 따라가다
한 줌 잡힐 듯 무덤들

귓가 맴도는 바람 소리는
꽃잎을 실어 나르며 부르는 상여곡
누구와 묻히려 꽃잎은 바람을 업었고
묘비에 이름을 남기지 않았는가

빗방울 잊게 하는 무지개같이
머무는 슬픔은 없었다
늙은이 가슴은 꽃을 간직하려 봄을 놓지 않는다.

4부 잡초도 푸르렀다

잡초로 살았으면 어때
늦가을 볕 끝까지 껴안다
누렇게 떠도
삶에서 푸르를 때 있었으니까

잡초도 푸르렀다

잡초로 살았으면 어때
늦가을 볕 끝까지 껴안다
누렇게 떠도
삶에서 푸르를 때 있었으니까

사랑 뒤에
슬픔과
고독, 간간이 비치는 환희까지
뒤섞어 뜨겁게 태웠으니까

이기적인 사랑

너를 슬프게 하는 사람을 보내고
너를 외롭게 하는 사람을 보내고
너를 잠 못 이루게 하는 사람을 보내려면
너는 종루가 되어 별빛에도 울릴 수 있는 종을
매단다 했다

너에게 드리웠던 그 사람 그림자를
없애기 위해
노을 묻히는 서쪽하늘까지 받아들였다면

빗물도 창 부딪히며 떨어지는데
그 사람의 창을 두드린 적 있었는가

1980년 아들의 꿈

논물 가두자 논은 하늘을 비춘다
써레질 마치고 잡풀 하나 용납하지 않은 농부는
여태 살아왔던 삶을
아들에게 짊어지게 하고도
흙 묻은 손을 잡아주지 않았다

아들은 소를 앞세우면서 기차 시간을 가진다
수확하는 모든 것이
삶의 모든 것이었고
모든 것의 삶은 흙내만 풍겼다
기차를 타면 흙에서 떠날 수 있으리라 믿었다.

선 밑으로 감춰진 세상을 넘으려
발걸음 떼자
하늘을 비추는 논은 금방 흐려진다

설날 때 기름냄새 좋다하던 친구의 하얀 얼굴,
장롱에 넣어뒀던 옷을 빨아 빨랫줄에 넌다
마를수록 펄럭인다.

별똥별입니다

한줄기 긴 끈이 망막에 접하기 전에 지워집니다
별이 떨어진 곳은 하늘이어도
늙어가는 아들이
들풀 움트는 언덕을 올라선 것은
젊은 아버지가 그곳에 있다 믿었습니다

봉분앞에서
눈빛 더해 별 무리 안으로 따라가면
어떤 슬픔도 시간을 딛고 가지 못합니다

눈 내립니다
발자국이 햇살 속에 묻힙니다.
석판에 패인 이름을 어루만지며
탯줄 끊겼던 태초의 그리움을 지웠습니다

아버지
별은 다른 별을 해산하기 위해 푸른 강을 건넜지만
나의 별이 떨어지고 싶은 곳은
우리 가족의 옛 터전입니다.

풍경소리

풍경에서 소리가 나지 않을 때
바닥에 떨어진 추를 발견했습니다
바람이 거세었나 봅니다
다시 매 달려다가 놔뒀습니다

지나치는 바람을 알아야 할 이유가 없고
속의 추에서 고리를 끊어냈다면
소리를 잃은 것이 아니라
속으로 가둬 재우는 것입니다

처마 끝에서 이리 저리 밀려도
중심으로 돌아오는 것으로 충분히 존재를 남깁니다

빈집

아득한 시절부터 집은
비었을 것이라 생각했을 것이다
병원 갔다 돌아오지 않았겠다.

두꺼비집부터
지게부터 경운기부터
곳간 자물쇠부터
빈 곳은 손끝에서 해방되자
원수를 갚을 듯 맹렬하게 덮어버린다

가세하는 달빛이 동공에 머물려
눈빛을 잃지 않았다
인기척이 마지막일 때 전부터 존재했을 역사를
먼지는 들썩이며 알려주었다

비어 가는 건 앞을 두면 나도 같이 비어 간다
허물어지는 나의 가슴에도
열었던 대문은
더는 닫히는 걸 거부하려 긴 마찰음을 만든다

차 한 대가 라이트불빛을 앞세워 지나가고
다시 어둠과 닫힌다.

나비가 꽃을 피운다

그림자로 궤적을 그린다
무심코 따르다 보면
피워내는 꽃송이

이른 봄
바람 타고서라도 차가웠던 대지를
있는 힘 다해 날았던 나비는

피워내는 건 한줄기 햇볕일지언정
기억하는 명령에 따라
먼저 펼쳤을 몸속의 날개,
뒤따르는 연두색 눈빛들

달이 그대 동공에 머무는 밤

칡꽃 그대로 넝쿨 엮어
그대 머리에 씌웠고
함박웃음과 보랏빛 하늘은
어둠을 끌어안기 시작했다.

산길은 호숫가였고
슬픈 것은 더 이상 머물지 않았다

우리 그림자는 시든 화관을 어루만지며
여전히 꿈을 꾸고 있었고
모닥불은 어둠을 에워쌓지 못하게
타닥타닥 소리 내어 타고 있었다

칡꽃은 넝쿨 따라 다시 필 준비한다
나는 호미를 들고
삶이 깔았던 길을 걸어갔다.

원초적 이유

풀숲 몇 송이 꽃은
꽃뱀이 꽃을 먹어
몰래 꽃을 낳았을까

철수가 밤새 과수원 지키다
배앓이하고
후미진 밭두렁에 개구리참외가 열렸거든

허수아비의 만족

논에서의 할 일을 마쳤다
농부의 아들이 불을 지핀다
한줄기 띠 연기가 되어 하늘 파랗게 섞인다

한 발자국 옮기기 불가능하여도
누구에게나 공평한 햇살에 감사하였다
그림자 또한 가졌다
계절 한 부분을 충분히 떠 받혔고
욱여넣은 지푸라기로도 심장이 뛰었다

매화 순 사랑

매화는
나무 한 짐 진 총각이 버들개지 입에 물고
담 지날 때

마루턱에 걸터앉아 버선 위까지 걷은 치마
발목 드러내고
붉으스레 보조개가 이쁜
아씨와 훔쳐보려
찬바람 아랑곳 않고 먼저 피는 거야

시계 수리

그가 익숙하게 시계뒤를 드러낸다
미세한 부속들을
돋보기로 들려다 본다

톱니바퀴 들어내 이어 붙이고
건전지를 바꾸자
손목에서 멈췄던 시간은
숫자 위를 달리기 시작한다.

사계절의 현란한 눈속임도
모두와 같아야 하는 규칙을 들고 고분고분하였다

새들은 여전히
시침과 분침의 끝에 둥지를 틀고
부지런히 먹이를 물어다 준다.

강아지 풀

풀씨가
강아지등에 매달려있다 떨어졌겠지

강아지는 주인 쫓아가고
혼자 남은 풀씨는
꼬리가 어미풀인지 알고
닮은 풀을 피워야 했다.

낮달

너는 낮 동안
너는 밤 동안 비추라고
조물주가 정해줘도

강둑 길
꽃 맞이하는
노란 원피스 입은 꼬마아가씨가 보고 싶어
성급하게 파란 하늘 떠가는 달

봉숭아 꽃

설렘도 다졌겠지
손톱에 올려 무명천 은근 배여 나도록 묶고
지워질까 기다렸던 첫눈을
골목길 눈 밟는 소리에 귀 기울이던 누이의 얼굴

우물가에서 빨래하며
긴 입김으로 가리려는 안간힘을

벼 수확하기전에

벼메뚜기 잡으려
논두렁에서 어린 동생은
누나가 벼에 가릴까 봐 까치발 하고
논 안쪽에서는 마르게 깔깔거리는 소리

누렇게 익어가는 논에서
어른들이 허락한 그때만의 잔치를

버짐 핀 얼굴에도 핏기가 돌고
손잡고 긴 논두렁 나올 때면
버들강아지 풀에 꿴 채
뒷다리 연신 허공을 가른다.

지워지는 사람들

그리운 사람 위해
별이 하늘에다 아기별을 낳고
아기별은 이슬을 먹고 커서
새로운 별이 되어 별을 낳고
밤은 별빛으로 찰 것이라 믿었다

수많은 밤을 헤아릴 때
별은 그대로였다
아니 보이지 않은 별들이 태반이었다

나이 들수록
사람들을 받아들이지 못하자
별은 주위의 인연을 지우고
자신까지 지우고 있었다.

이별

이별은
두 별(二 별) 중
한쪽이 끝까지 끈을 놓지 않으려 하는 것이지요

두 별(二별)을 한 가슴에 두고
반짝이는 흔적을
간직하려는 것이지요

별을 박고 떼지 않으려다
삭을 때 돼야
유성으로 떠났다 믿는 것이지요

결국 이별은
별 하나되어 기다리는 것입니다.

옛날이야기

진달래꽃이
산 중턱 할머니 무덤가까지
서쪽하늘 한 줌 남은 빛으로 피었다

서낭당 소복 입은 여인과
꼬리 아홉 달린 여우는
등잔불 심지 돋우고
바느질하는 할머니 손끝에서 걸어 나왔다

바늘귀에 실 꿰어 주면
다음으로 이어지던 이야기는
진달래꽃 헤치고
꽃단장한 상여와 산으로 올라갔고

따스했던 팔베개와
남은 이야기 찾으려 건넛방으로 가자
고구마 구워주던 화로만 덩그러니 놓여있었다.

처음으로 남긴 그리움

백합꽃순 빨아먹던 아이가
배앓이 하자
누이는 밤새 배를 쓰다듬어 주었다

담 밖에서 종달새인지
이른 울음소리 길게 들릴 즈음
토닥토닥 잠들었다

고여 드는 그리움을
두레박 늘어뜨려 길으면
솔가지 타는 소리와 꿈결같이 만지던 가슴처럼
더 따스해지는 아랫목

물항아리이었던 누이의 이마에
새벽하늘이 번지고 있었다.

어떤 스님

누런 장삼과 밀짚모자 그늘에 보이던 미소
합장하고 돌아 섰을 때

짊었진 바랑에 이슬 담았을까
햇살 속으로 증발되어
구름이 되듯 산 걸쳐 오른다.

암자의 텃밭

산중턱 암자 텃밭에
헛간에서 겨울났을 감자는
눈 쪽으로 쪼개져 재를 뒤집어쓴 채
늙은 비구니의 손에서 심어진다

감자꽃 피면
암자를 떠받히며 산을 넘는
구름을 닮았을 것이다

쭈글 해진 채 남은 감자를 밥에 앉히고
주름진 눈매에
산 아래 워낭소리가 그리움으로 매달리자
내려놓고도 내려놓을 것을 찾는다

달빛만 허용하는 어둠에서
촛불은 촛농으로 향하고
안개는 밭을 어루만져준다.

고추잠자리 사랑

꼬리를 둥글게 만 고추잠자리 한쌍은
앞마당 거적에서 말리는 고추보다
더 매운 사랑을 하는 걸까

타는 몸 식히려
물웅덩이에
꼬리를 담그다 말다 하고 있으니

비와 시골집

비 내리는 아침이면
할머니는 물꼬 터러 논에 다녀와
짚 썰기 바쁘게 강판에 감자 갈면
은근한 기다림은 부엌에서 시작된다

빗물이 만든 원들이
부침냄새 가둬 툇마루로 끌어 와 터트리자
단조롭듯 직선이었을 행복은
한 살배기 강아지와 낑낑거린다

처마 끝 매달린 빗방울을
산들바람이 걷어가는 오후

막걸리 심부름 뒤에
주머니에서 부딪히는 동전이 흐뭇해
햇살 젖은 하늘
뭉게구름 잡을 듯 신이 났다

행주치마 벗지 못하던 할머니는
감자껍질을 구유에 붓고 식은 전, 마저 드신다.

정원에 들풀이 가득합니다

가슴 조일 정도로 가냘픈 꽃부터
키 큰 풀꽃까지
각각의 꽃을 피워 씨앗 맺히면
빈터를 향해 떨어뜨리고 집니다

주검에서 다른 들꽃이 꽃을 피워 씨앗을 띨굽니다
땅에서 스스로 주인이어야 하는 들풀은
절대 아름다움을 받아들이지 않습니다
의무만이 본능을 지배합니다

조금씩 바뀌는 꽃으로
광활한 들판부터
작은 곳의 그들까지 같은 운명이란 것
나의 삶 근처까지 왔다 간 사람들을
이름으로 기억하는 것처럼

모양으로 바라보며 들풀로 부르는 것 보다
돋아나는 새싹마다 이름을 지어줍니다

정원에 들풀이 가득합니다
계절마다 공평하게 시드는 들풀들
나도 시들 준비할 때 두렵지 않겠습니다.

계단

아파트에 들어서자
엘리베이터에 고장이라 붙어있었다

계단 따라 오르다
땀 맺힐 정도에 익숙한 숫자 앞에 다다랐다

번호를 누르고 들어서면
돌고 도는 일상 속에 향했던 높은 곳은
나의 것이 아니었다

이자와 분납금은 시간을 철저하게
갉아먹고 있고
프레스에 찍히는 숫자가 기한을 저울질하며
억누르고 있었다

엘리베이터 앞에 고장이라
글자가 없어졌지만 계단에 발길이 간다
오를수록
낮은 곳을 그리워하고 있었다.

갈등

비와 매화꽃 이파리 확 날린다
그동안 나태했던 풍경이 요란하다

비는 꽃과 맺혀 바닥에 떨어지고
꽃 떨구는 소리인지
빗방울소리인지 귓가에 맴돌자
의미 없는 혼돈에 빠진다
꽃 이파리 한풀 옷깃을 스친다
촛불이 흔들린다

손 때 묻은 목탁을 두고도
꽃 한 잎의 길을 가늠하는 것 어렵다 했다
미당 질러 죽비소리 요란하다

별은 아직 있습니다

아직도 별을 주우려
깊은 밤 들에 가고 싶었습니다

문틈으로 새어드는 별빛은
분명 실이 되어 하늘 향해 이어졌습니다
잡아당기면 품으로 안길 듯
시골 밤하늘은 우물보다 깊어도
별은 두레박 떠지듯 가까웠습니다

아이들은 내 손을 이끌고
별과 별에 숨어 숨바꼭질 하였습니다
술래가 된 별은
장독대에서 다져놓은 봉숭아 꽃잎이 되고
선반에 올려둔 고구마가 됩니다

잎 마른 감나무에서 선분홍 감이
무거워 제 몸 일부분으로 떨궈내는 밤
눈꼬리 주름 따라 흐르던 별들은
여전히 고독을 밀어냅니다

첫 설렘

산들바람 청보리밭 길 내면
구름에 머리 베고 단잠 자다
부쩍 큰 키 따라가지 못한 일곱살 여자애는

자잘한 들꽃을 머릿결 꼽다
앉은 나비 한 마리 얄궂은 듯
훠이 훠이 내쫓는다

치맛자락 짧아 종아리 드러내고
저고리 터질 듯 봉긋한 가슴
귓볼 후끈 달아올라도 뜻을 몰라

바람이 길을 메우자
문을 다시 닫아버린다.

당신과의 시간

당신과의 산책로는
나무 한그루 풀 한 포기가 소중합니다
당신의 눈빛은 햇살 되어
깔리고 서로가 간직한 작은 세상으로 향합니다

손잡고 어깨에 기댔던 길은 한정됐습니다
전날 존재의 아름다움은 받아들이지만
자취는 바람과 없어질 것입니다

그루터기가 남긴 나이테는 숫자를 간직합니다
붉은 피를 가졌기에
시간을 정지된 채로 가져갈 수 있습니다

이기영 네번째 시집

꽃다리 건너 은하수까지

지은이 | 이기영
펴낸이 | 전진옥
디자인 | 다온애드
펴낸곳 | 도서출판 다온애드

초판일 | 1쇄 2023년 2월 15일
발행일 | 1쇄 2022년 2월 15일
주　소 | 인천광역시 남동구 벽돌말로 8(간석4동 573-11)
전　화 | 032) 203-6865　팩스 032) 426-7795
메　일 | jinok2224@hanmail.net

판 형 | 신국판
등 록 | 제2013-000008호
ISBN | 979-11-89406-30-1(03800)
책 값 | 13,000원

좋은 책을 읽는 것은 성공을 위한 밑거름이다.

• 저자와의 협의에 따라 인지는 생략합니다
• 본 간행물은 전국 서점 교보문고에서 구매할 수 있습니다
• 잘못된 책은 교환해드립니다.